★ツボイくんの介護現場ですぐ実践！第２弾★

げんき

どこにキク？
説得・納得！
やる気向上！

ネタ帳

●はじめに●

この本のタイトルはズバリ、元気をつくる『げんき体操』。利用者の方々に、もう一度自らの元気を引き出してもらう、そのための体作りの内容が盛り込まれています。
いくつになっても運動をすれば、体はちゃんとこたえてくれます。この本でそれを実感してもらえれば最高ですね。

運動の基本は「継続」です。効果はすぐには現れませんが、デイサービスのスケジュールに組み入れて、習慣化することをおすすめします。毎日、無理をせず、楽しく運動しているうちに、利用者の何かが変わってくるはず。その手ごたえが確かめられたとき、サポートする苦労もきっと吹っ飛んでしまうことでしょう。
さあ、「明日も行きたい！　運動が楽しい！」と言ってもらえるデイを目指しましょう！

平成23年10月　ふくふく庵　坪井高志

本書の見方・役だて方・よいところ

3つのブロックから運動をわかりやすく解説！

●まず**タイトルまわり**で、ズバリ！
運動の目的、効きめやその箇所がわかります。

●次に**イラスト**を見ると、ひと目で！
運動のポーズや動きがわかります。

●さらに**運動の手順**で、しっかり！
進め方がわかります。

取り入れ方の例

●ウォーミングアップ（P.19～26）…5～10分
●いずれかの★（CONTENTS参照…**転倒予防**などの項目）
●クーリングダウン（P.115～120）…5～10分
●脳トレ体操（P.121～126）…5分程度

1日約30分～45分くらい

坪井施設長より・本書の特長

本書は、**現場ですぐ使える運動**を中心に紹介しています。
介護者や指導者の方が進めやすいように、**体のメカニズムに添った動作や行程**を考えてあります。
何よりも高齢者の方が納得してできる**説得力のある体操**を目指しました。
納得は**やる気を引き出し効果を倍増**させるだけでなく、いやいやすることで起こる事故も防げます。

運動の効果を
納得・説明
できる。

「楽しそう！」と、
やる気の
起こるタイトル。

効果部位のイメージアイコン。

ココに効く→ストレッチ系
ココを鍛える→トレーニング系
ココを意識→深呼吸など

タイトルまわり

イラスト

ココを鍛える！
ひざ上げツイスト
ももとおなかの筋肉が付きます
坪井施設長のココがポイント！
調子がつかめてきたら、ひねりを加えてひじとひざをくっつけましょう。
「ワンツー、ワンツー！おなかが、減ったー！」
時々ピタッと、動きを止めてみよう！
この運動は…
●イスに座ったまま、リズムよく左右交互にひざを上げます。
●行進をするように、腕も振ってワンツー、ワンツー！

利用者のつぶやき。
本音やがんばりが見える。

運動上の
プラスアルファ
アドバイス。

運動上の発展や、
気づきのポイント。

運動の
手順

簡潔な箇条書きで、運動の順序がわかる。

CONTENTS

CONTENTS

G e n k i T a i s o u

ツボイ流 元気マンガ

1 ・・・ by Takashi Tuboi

さあ、
体操するよ！

序
まず押さえておきましょう

●監修のことばにかえて●

「長寿」から「元気で長生きへ」

高齢期の健康維持のためには、疾病の予防や治療の管理だけでは不十分で、加齢に伴う生活機能の低下を予防するとともに、日常生活におけるさまざまな危険な老化のサインを早期に発見し、早期に対応する必要があります。

成人の細胞数は約 60 兆個あり、筋や骨などの組織と、組織が集まった心臓や肺などの器官を作っていますが、加齢に伴い細胞の老化や細胞数が減少するため生体機能は低下します。できるだけ生活機能低下を予防するために、体操や歩行等の運動は高齢者には欠かせません。体操時には交感神経機能が亢進して、副腎髄質ホルモンの分泌が増加し、循環機能、呼吸機能、骨格筋へのエネルギー供給機能が向上して運動能力が高くなります。これらの機能の向上は生活の質の向上に寄与します。また、体操時に多くの人との交流が得られれば人生の質が高まることも期待されます。運動器の機能向上は介護予防事業のプログラムにも組み込まれています。そのための一助となる「元気体操」による介護予防を積極的に取り入れたいものです。

監修者　堀　清記・堀　和子

体操前に高齢者の体について知っておきましょう

高齢者の体の特徴

高齢者の体は環境に適応する能力や予備能力が低下しており、病気にかかりやすく慢性化しやすい、脱水症状を起こしやすい、複数の症状や疾患を持っている、などの特徴があります。

■心理的側面の変化

知能の変化（記憶力、計算能力の低下など）や人格の変化（自己中心性、保守性、心気性、多愁訴性など）が起き、独居や閉じこもりは、運動機能の低下や寝たきり、精神機能の低下を招き、生活不活発病（廃用症候群）を引き起こします。

■身体諸臓器の変化

神経系（知的機能、平衡感覚、反射、視力、聴力、味覚、嗅覚など）、循環器系（心拍出量など）、呼吸器系（換気機能）、消化器系（消化管粘膜、蠕動運動など）、腎・泌尿器系、内分泌・代謝系（耐糖能異常など）、免疫系などの身体諸臓器全体に機能の低下が見られます。

運動時における変化

循環器の機能低下により最大心拍出量は低下しており、下肢筋力の低下や感覚器の変化等により転倒を起こしやすく、また、骨粗鬆症により大腿骨頸部骨折、脊椎圧迫骨折などを起こしやすくなります。高齢者の筋力の低下は、加齢による筋力低下と不活動による廃用性筋萎縮が混在しています。

特有の機能低下・障害

●老年症候群

比較的健康に生活している高齢者、特に後期高齢者の生活機能、QOL を低下させ、健康寿命の短縮や要介護状態を招く症候や障害の総称です。具体的には、転倒・骨折、失禁、低栄養、閉じこもり、睡眠障害、うつ状態、認知症（認知機能低下）、咀嚼や嚥下能力などの口腔機能低下状態、快適な歩行を妨げる足や腰のトラブルなど多種類の障害があります。

●廃用症候群（生活不活発病）

不活発な生活を原因として生じる全身の心身機能低下のことです。原因としては、老年症候群の放置、あるいは原疾患の急性期から慢性期の治療や療養中に過度の安静、または早期離床や早期の日常生活活動の向上のための取り組みがなされていなかったりすることで生じます。症候としては心肺機能低下、筋力低下、筋萎縮、骨萎縮、関節拘縮、知的活動低下、うつ状態など広く全身の機能低下を招き、寝たきりの状態をひき起こす危険があります。

●運動器不安定症

加齢によりバランス能力及び移動歩行能力の低下が生じ、閉じこもり、転倒リスクが高まった状態をいいます。歩行時にふらついて転倒しやすい、関節に痛みがあって思わずよろける、骨に脆弱性があり軽微な外傷で骨折してしまう、などの病態を疾患としてとらえたものです。このような障害があると、自由に移動することが困難になり社会的生活における積極性が低下し、人間としての尊厳を維持することが難しくなります。このような状態にならないために、積極的な運動習慣を継続していくのが効果的と考えられます。

筋力強化の有用性について知っておきましょう

体操による体温の上昇は発汗を促進し、発汗能力が上昇して体温調節能力が高まります。また、体操時の骨格筋の収縮は骨格筋量を増加させ、移動障害や運動器不安定症のレベルが改善されます。筋力が強くなると運動能力が向上します。

筋力とは

筋力とは骨格筋の随意的な収縮によって生じる筋張力（活性張力）のことで、人が動作を行なうために必要な力です。筋力は主に筋肉の断面積に比例します。高齢者の筋肉量の減少は、加齢による筋力低下と不活動による廃用性筋萎縮が混じっています。

筋力訓練の基礎知識

●過負荷の原則

筋力強化で効果を得るには、一定以上の負荷を加え、ある時間以上の運動を行なう必要がある。

●特異性の原則

トレーニング効果はその運動スタイルのみで認められる。（足の運動では足、手の運動では手の筋力アップに関係）

●多様な運動プログラム

運動プログラムの内容は日々柔軟に多様に変化したものが望ましい。（慢性化や過負荷を避けるため）

●可塑性の原理

トレーニングを終了すると徐々に元の状態に戻る。

筋肉の特性と筋活動

骨格筋には持久性に関係する赤筋（遅筋）と瞬発性に関係する白筋（速筋）の２種類があります。加齢（老化）に伴う筋肉の萎縮は白筋（瞬発性）線維に強く現れ、不活動に伴う筋肉の萎縮は赤筋（持久性）線維に強く現れます。

骨格筋の微細構造

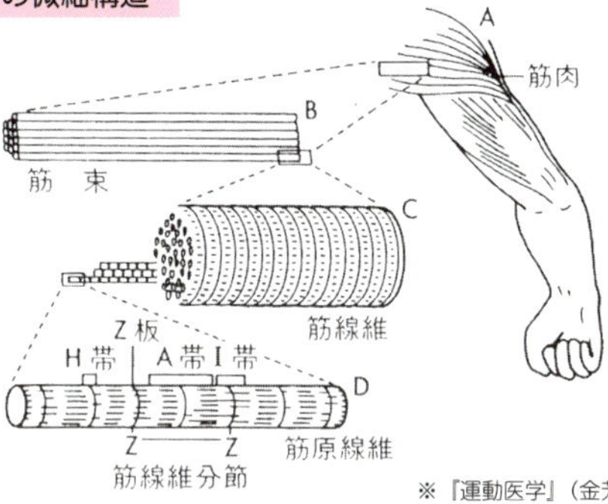

※『運動医学』（金芳堂）より

高齢者における筋機能の特徴

- 筋力低下、筋量の減少、神経筋の調整能の低下、速筋線維の選択的萎縮が見られる。
- 高齢者でも筋力トレーニングで速筋線維・遅筋線維ともに肥大、筋力の向上が見られる。
- 中高年者は１日 4000 歩以上の歩行量で廃用性筋萎縮を防ぐことが可能。
- 高齢者のトレーニングによる筋力向上は神経筋の協調能の改善による点が大きい。
- 筋量が少なくてもより多くの運動単位が動員されれば、筋力は向上する。

介護予防の重要性について知っておきましょう

介護予防とは「要介護状態の発生を出来る限り防ぐ（遅らせる）こと、また要介護状態であってもその悪化を出来る限り防ぐこと」と定義されております。介護予防事業では生活機能の向上を支援し、一人ひとりが自立して生きがいを持ち、自己実現を行なう健康な長寿社会をつくることを目指しています。

介護予防事業

生活機能の低下が疑われる65歳以上の人は、厚生労働省が作成した基本チェックリスト（P.15参照）、生活機能チェック及び生活機能検査などで総合的に判断されて特定高齢者と認定されると、地域包括支援センターを通じて介護予防のサービスを受けることができます。介護予防事業は、高齢者の運動機能向上（転倒・骨折の予防を含む）や栄養改善、口腔機能の向上、認知症予防・支援、うつ予防・支援、閉じこもり予防・支援などを通して、各自の生活機能の向上を支援しています。

介護予防と運動

高齢者が要介護状態となることを防ぎ、本来持っている身体機能を十分に生かすために、効果的な筋力増強や軽運動などの指導が重要となります。そのために介護予防運動指導員というプロによるサポートも行なわれています。

基本チェックリスト

介護が必要となる人の目安に使われています。

No.	質問事項	回答（いずれかに○をお付けください）	
1	バスや電車で1人で外出していますか	0. はい	1. いいえ
2	日用品の買い物をしていますか	0. はい	1. いいえ
3	預貯金の出し入れをしていますか	0. はい	1. いいえ
4	友人の家を訪ねていますか	0. はい	1. いいえ
5	家族や友人の相談にのっていますか	0. はい	1. いいえ
6	階段を手すりや壁をつたわらずに昇っていますか	0. はい	1. いいえ
7	イスに座った状態から何もつかまらずに立ち上がっていますか	0. はい	1. いいえ
8	15分くらい続けて歩いていますか	0. はい	1. いいえ
9	この1年間に転んだことがありますか	1. はい	0. いいえ
10	転倒に対する不安は大きいですか	1. はい	0. いいえ
11	6カ月間で2～3Kg以上の体重減少がありましたか	1. はい	0. いいえ
12	身長　　cm　　体重　　kg（BMI＝　　）（注）		
13	半年前に比べて固いものが食べにくくなりましたか	1. はい	0. いいえ
14	お茶や汁物などでむせることがありますか	1. はい	0. いいえ
15	口の渇きが気になりますか	1. はい	0. いいえ
16	週に1回以上は外出していますか	0. はい	1. いいえ
17	昨年と比べて外出の回数が減っていますか	1. はい	0. いいえ
18	周りの人から「いつも同じ事を聞く」などの物忘れがあると言われますか	1. はい	0. いいえ
19	自分で電話番号を調べて、電話をかけることをしていますか	0. はい	1. いいえ
20	今日が何月何日かわからない時がありますか	1. はい	0. いいえ
21	（ここ2週間）毎日の生活に充実感がない	1. はい	0. いいえ
22	（ここ2週間）これまで楽しんでやれていたことが楽しめなくなった	1. はい	0. いいえ
23	（ここ2週間）以前は楽にできていたことが今ではおっくうに感じられる	1. はい	0. いいえ
24	（ここ2週間）自分が役に立つ人間だと思えない	1. はい	0. いいえ
25	（ここ2週間）わけもなく疲れたような感じがする	1. はい	0. いいえ

（注）BMI【＝体重（kg）÷身長（m）÷身長（m）】が18.5未満の場合に該当する。

「リスクマネジメント」を知って指導しましょう

要支援・要介護状態となるおそれの高い高齢者（特定高齢者）を対象とする場合には、個々の心身の状態を十分に把握し、状態に応じたプランの作成及びプログラムの実施、また医療機関との連携等、特に安全管理面において十分な体制を整える必要があります。
持病のある人は基本検診や主治医の指示に従って実施の可否を決めます。
運動内容はひとりひとりに実施による効果、実施の可能性、継続性、安全性、運動時間等を考慮に入れて決めます。
また、参加者にあらかじめプログラムの内容と進め方・効果・リスク・緊急時の対応について説明し同意を得ておく必要があります。

運動中止基準

①プログラム前の留意点

＜トレーニング中止基準＞

下記、2項目該当で中止を検討する。

◎体がだるい
◎熱がある
◎ふらふらする
◎食欲がない
◎下痢をしている
◎便秘が続いている
◎頭痛がする

◎関節痛が強い
◎胸やおなかが痛い
◎動悸や息切れがする
◎前日よく眠れなかった
◎せきやたんが出る

＜トレーニング完全中止基準＞

以下の場合は絶対トレーニングをしない。

◎拡張期血圧　100mmHg 以上
◎収縮期血圧　180mmHg 以上
◎安静時脈拍　100 拍／分以上
◎不整脈、脈の欠代あり
◎指摘されていた不整脈は 3 回／分以下は除く

バイタルチェック時に事前中止する。

❷プログラム提供中の留意点

実施中にはセット間の休憩時間を 1 分間前後取り、以下の自覚症状や他覚所見に基づく安全の確認を行なうこと。

◎運動中の姿勢（関節可動域・代償運動）
◎筋緊張の異常
◎オーバーワーク
◎顔面蒼白
◎冷や汗
◎吐き気
◎嘔吐
◎脈拍と血圧の異常

❸プログラム終了後の留意点

プログラム終了後は、しばらく対象者の状態を観察する。また、プログラム提供の後に対象者が以下の状態である場合は、医療機関受診など必要な処置を取る。

◎安静時に収縮期血圧 180mmHg 以上、または拡張期血圧が 110mmHg 以上。
◎安静時脈拍数 110 拍／分以上、または 40 拍／分以下。
◎いつもと異なる脈の不整がある。
◎その他、体調不良などのプログラム提供中の留意点に述べた自覚症状を訴える場合。

安全管理体制のチェック

●安全管理マニュアルの作成

安全点検、トレーニング機器の安全性、適切な使用方法、設置場所、など

緊急時対応フロー図、など

一次救命処置 (basic life support：BLS) の訓練

●医療職との連携

日ごろから緊急時に備えて、医療機関との連携を含めた管理体制を整えておく

●常備すべき救急器具

救急カート、アンビューバッグ（救急蘇生バッグ）、AED、など

●安全管理委員会の設置

事故事例分析、点検、研修

1

ウォーミングアップ

ウォーミングアップ

準備運動の重要性

高齢者の運動には特に導入時の配慮が必要になります。
急に体を動かすと、心臓や筋肉に負担がかかります。また、高齢者では、骨折などの事故につながるので注意。
本格的に体操を始める前には、ウォーミングアップ（ウォームアップ・準備運動）で心と体の準備を行ないましょう。
まずは深呼吸で呼吸を整え、軽めの運動やストレッチで体温を上げ、徐々に体を慣らしていきます。

●体温が上がると？

◎血液循環が速まり、酸素消費量が増えて細胞代謝が活発化します
◎心臓や肺の機能が高まります
◎筋肉や関節の柔軟性が高まります
◎肉離れなどのけがが少なくなります

ちょっと待った！ の人

体調が悪い人や既往症のある人は、ようすを見て、運動を見合わせるなどの判断が必要です。

◎かぜ症状のある人
◎食後すぐの人
◎寝不足・眠気のある人
◎関節や筋肉の痛みがある人
◎主治医から運動を止められている人　　など

では、次ページからは、体操の導入、ウォーミングアップの紹介です。

おなかを大きくスーハー呼吸

腹式呼吸でリラックス

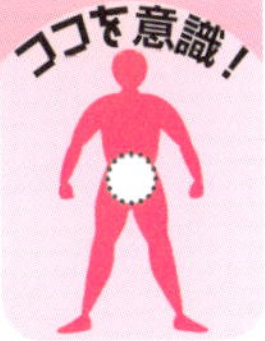
ココを意識！

なんか
すごい…
吐くときは、おなかがへこむのを意識して！

坪井施設長のココがポイント！

おなかに両手を置いて、おなかの膨らみぐあいをしっかりと確かめましょう。

この運動は…

- 立ったままでもイスに座ったままでもOK。
- おなかに両手を当てて、鼻から空気を大きく吸い込みます。
- おなかが大きく膨らんだら、口を細くしてゆっくりと息を吐き出します。
- これを5回から10回程度、繰り返します。

1 ゆっくりじわっとカメの首

首のすじ、縦・横伸ばして肩こり予防→

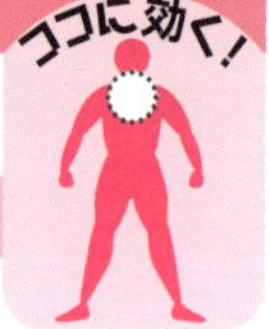
ココに効く!

倒して

じわ〜っと伸ばすと
いい感じ!

ひねって

坪井施設長のココがポイント!

5秒数えて、一連の動作を3回繰り返しましょう。

この運動は…

- 前を向いたまま、頭をゆっくり左右に倒します。
- 次は、ゆっくり左右に首をひねりましょう。

足ブ〜ラブラ

足をほぐして血行よく！

坪井施設長のココがポイント！

脚全体を、両手でトントンと叩いてほぐすのもいいですね。

この運動は…

● 両足を投げ出して、ふくらはぎを揺らしましょう。

1 腕ブルブルブル～

腕をほぐして血行よく！ ⟶

ココに効く！

手首ブルブルしたら、
今度は肩から
腕全体ブルブルしてみてね！

血行
けっこう
ハッハッハ！

この運動は…

- 腕全体をブルブル揺らしましょう。

下に伸ばそう体操

下半身を伸ばして血行よく！

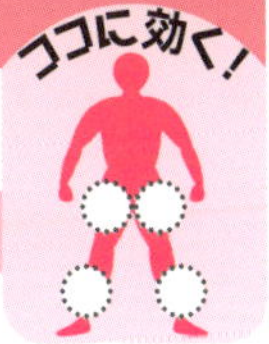

つま先を上げるときは
ゆっくり天井に向ける
ようにするといい。

戻したとき、
かかとが少し地面から
浮くような感じになる。

坪井施設長のココがポイント！

足の指先を「グー」「パー」にして動かすともっとGood！

この運動は…

- 両足をゆっくりと伸ばしたら、足の裏を地面につけ、すねを伸ばします。
- 次は、つま先を上に向けて起こし、ふくらはぎのストレッチ！

1 上に伸ばそう体操

上半身を伸ばして血行よく！→

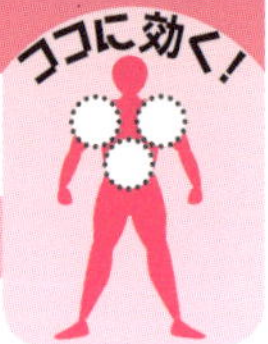
ココに効く！

くぅ〜！
めちゃ伸びる！
FFA

坪井施設長の ココがポイント！

軽く傾けるだけでOK！

この運動は…

- 両手を組んで、まっすぐ上に伸びます。
- そのまま、体を軽く左右に傾けましょう。
- それぞれ 5 秒〜 10 秒程度やってみましょう。

運動コラム1　首回しの落とし穴

首回しは危険!?

体操の前後で、無意識によく首を回しますね。首・肩周辺はリラックスのツボのような箇所なので、つい気持ちよくほぐす感覚でやってしまいます。でもここに運動の落とし穴があります。

首の後ろには、頸椎《けいつい》という神経の束が通っています。頭を後ろに倒しすぎると、大切な頸椎を傷つける恐れがあるのです。すでに頸椎損傷などの障害がある人は、避けなければなりません。また、高齢者の場合も、首回し動作はやらないほうがよいと考えておきましょう。

首のストレッチ

首の筋を伸ばすときも、急にしたり強くしたりせず、ゆっくり動かすことを心がけます。傾けすぎず、軽くじわ～っと伸ばすのが理想的です。

首を後ろに反らすときは、口を閉じることで、頭の倒れ過ぎを防ぐことができます。意識をしながら試してみましょう。また、首のストレッチをする場合は、「前は深く、後ろは浅く回す」ということを覚えておくといいですね。

Genki Taisou

ツボイ流 元気マンガ

② ・・・ by Takashi Tuboi

4拍子でいこう!

2

下半身の体操

★転倒予防
★尿失禁・腰痛予防

コケない！　モレない！　ためにも…

転倒予防と体操

転倒＝寝たきり？!

「転倒したら寝たきりですよ！」… よく聞く言葉です。
「転倒が怖くて外出を控えてます」こんな人は、行動範囲が狭まるだけでなく、活動そのものが鈍り脚力も低下。座る、寝転ぶといった歩かない生活になります。歩いて転ばない代わりに、これも寝たきりまっしぐら！
これでは本末転倒ですね。
転倒予防の第一は“歩くこと”です。
人間の基本動作である歩行は、生きる上での大切な要素なのです。

歩く→転ぶ→寝たきり、の悪展開から、
よく歩く→なので転ばない→そしてますます元気、を実現！
下半身の体操をすることで、“歩く”基礎をつくりましょう。
歩けるという自信は、何より得がたい喜びですね！

歩けない原因とその改善

●老化や運動不足のせいでふらつく、つまずく

➡ 下半身を強化、脚力を付けて→しっかり歩こう！
➡ バランス力を付けて→凸凹段差もだいじょうぶ！
➡ ストレッチ力を上げて→関節のびのびしなやかに！

●病気やけがなどによる歩行困難

➡ 専門的なリハビリ・歩行練習から始めましょう！

効果的な運動は？

脚力を付ける代表的な運動は、**スクワット**です。
屈伸によって筋肉や関節が連動して動き、下半身全体に有効な運動になります。
足腰だけでなく、バランス力や心肺機能もアップしますよ！

スクワット

坪井施設長のココがポイント！

スクワットが大きくならないように気をつけましょう。

よいしょっ！
かけ声の発声で、自然に息が吐ける。
ひざとつま先を同じ方向に向けると、やりやすいよ！

この運動は…

- 足を腰幅に広げます。
- 息を吸いながらしゃがんでいきます。
- イスに座る(気持ち)手前で、今度は息を吐きながら立ち上がりましょう。

では、次ページからは、転倒予防に効果のある運動を紹介していきましょう！

2 足のコマ

足首を回して筋肉を柔らかく！→

ココに効く！

動く範囲で回してね！

つま先で円を描くように回すのね。

坪井施設長のココがポイント！

足首を柔らかくすれば、凸凹道もへっちゃらですね！

この運動は…

- イスに座って両足を投げ出し、足首を回します。

ひらめ筋が動いちゃう!?

ふくらはぎの筋肉が付きます →

ココに効く!

私は、手で押さえずにやってみるわ。
坪井施設長のココがポイント!
余裕があれば、ひざを手で押さえて負荷をかけましょう。
うん、確かにひらめ筋が・・
かかとを上げる。

この運動は…

- イスに座ってひざを直角（90 度）にします。そのまま、かかとを上げたり、手で負荷をかけながら上げます。
- 10 秒数えましょう。

2

すね鍛えてイイっすね!

すねのあたりが鍛えられます →

坪井施設長のココがポイント!

しっかり天井に向けると、それだけ効果がありますよ。

この運動は…

- イスに座った状態から両足を一歩分、前に出します。
- そのまま、つま先を天井に向けます。
- 10 秒数えましょう。

内ももおしくらまんじゅう

太ももの内側が鍛えられます →

ココを鍛える！

手の力を抜いて
足だけ力んでも
OK！

坪井施設長のココがポイント！

ひざと手のおしくらまんじゅうです。

手は外へ、
ひざは内へ
おしくらまんじゅう。

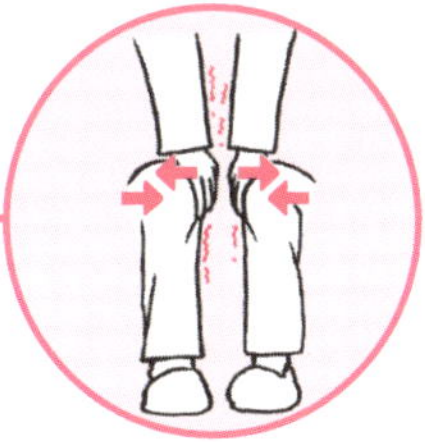

この運動は…

- ひざの内側に添えた手は外向きに、ひざは内側へ向かうように押し合います。

2 外ももおしくらまんじゅう

太ももの外側が鍛えられます →

ココを鍛える!

ひざも腕も
どっちもガンバレ!
膝
腕

坪井施設長のココがポイント!

腕のトレーニングにもなるよ!!

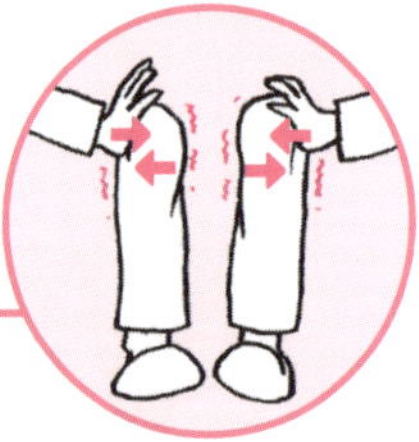

手は内へ、
ひざは外へ
おしくらまんじゅう。

この運動は…

- 手は内側へ、ひざは外側へ向かうように押し合います。

ひざに羽がはえてフワッ！

ももとおなかの筋肉が付きます →

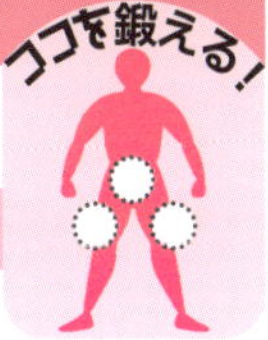
ココを鍛える！

羽が生えたように
軽やかに歩こう！

この運動は…

- イスに座り、両手でバランスを取って、片足ずつフワッとひざを上げてみましょう。
- 5秒×2～3回を左右でやりましょう。

2 ひざ、浮かないで!!

ももとおなかの筋肉が付きます →

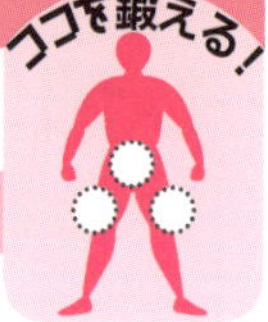
ココを鍛える!

もたれてないかな?
よ~し!
ひざをしっかり押さえるほど効果的!
FFA

坪井施設長のココがポイント!

イスの背にもたれずに、背中を起こして行ないましょう。

この運動は…

- イスに座り、両手で片ひざをグッと押さえます。
- 押さえたひざを上げてみましょう。

ひざ上げツイスト

ももとおなかの筋肉が付きます →

「ワンツー、ワンツー！
おなかが、減ったー！」

坪井施設長のココがポイント！

調子がつかめてきたら、ひねりを加えてひじとひざをくっつけましょう。

時々ピタッと、動きを止めてみよう！

この運動は…

- イスに座ったまま､リズムよく左右交互にひざを上げます。
- 行進をするように、腕も振ってワンツー、ワンツー！

2 太極拳で重心移動

足の筋肉とバランス力が付きます→

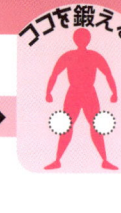

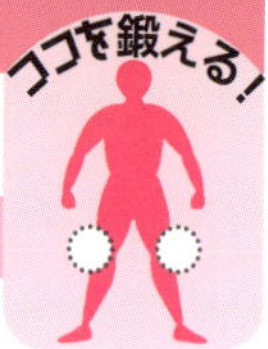
ココを鍛える!

体重こちら。

片手は壁についても、イスの背やてすりを持ってもOK。バランスが取れる人は、両手を腰に。

体重こちら。

坪井施設長のココがポイント!

ふらつきが不安な方は、イスを使うと安定しますよ。

この運動は…

- 足を前後に軽く開き、5秒かけて前脚に体重をかけていきましょう。
- 次に、5秒かけて後脚に重心を移動しましょう。
- 前後の足を入れ替えて、同じ運動をします。

地面踏みしめマーチ

足腰を鍛えます

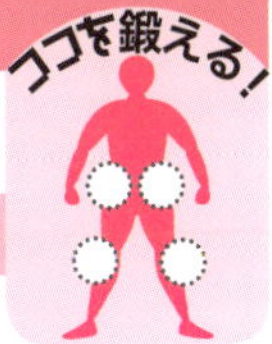
ココを鍛える!

ファイト!
FFA
この苦労が、
報われる日を目指して
「オイチニ、オイチニ！」

この運動は…

- 脚を高く上げて、軽快に足踏みをしましょう。
- 16拍（「イチ・ニ・サン・シ」を4回）×2回、やりましょう。

2 昇るか降りるか迷うわね

足腰を鍛えます →

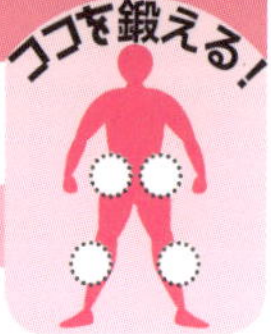

坪井施設長のココがポイント!

平行棒があれば理想的ですね。

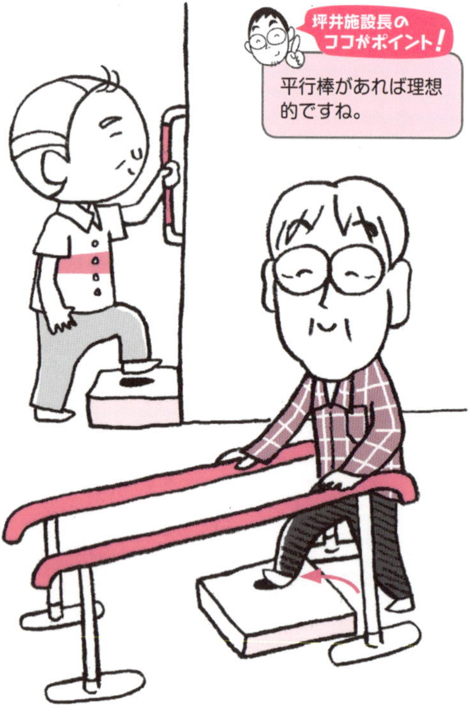

しっかりと段差の奥に足を置くように!

この運動は…

- 目の前の段差を昇り降りしましょう。

かかとをクルッとカール

太もも裏の筋肉が付きます ⟶

足を替えて
やってみてね!

**坪井施設長の
ココがポイント!**

イスの背もたれや壁を支えにすると、体が安定しますよ。

この運動は…

●片足のかかとを後ろにクルッとゆっくり上げます。

2 ヒップ・アップ・キック!

お尻を引き締めます →

ココに効く!

体はまっすぐに…
少し上げるだけでOK!

坪井施設長のココがポイント!

イスにもたれすぎて、体が斜めになったり、ひざが曲がったりしないように。

この運動は…

- イスの背もたれに手を添えます。
- 片脚を後ろに上げていきましょう。
- 5回×2セットを、左右でやりましょう。

ピョコピョコ背伸び

ふくらはぎを鍛えます

坪井施設長のココがポイント!

片脚でやると、もっと鍛えられますよ。

この運動は…

- イスの背もたれに手を添えます。
- まっすぐ上に背伸びします。
- 5秒×2～3セット、やりましょう。

運動コラム② もっと転倒予防！

住環境に目を向けて！

私は以前、住環境コーディネーターとして、高齢者用の住宅リフォームを担当していました。
スロープを用いた段差の解消や、手すりの取り付けなどは、今や介護仕様のスタンダード並みに普及しています。
ちょっとしたサポートで、家庭内事故が防げる現場をたくさん知っています。その経験から、簡単に改良できる室内での見過ごしがちな箇所を挙げてみましょう。

◎家具の配置を変えて、行き来をスムーズにする
◎カーペットがめくれないよう、ピンで留める
◎家電のコードが引っかからないよう、まとめる
◎滑りやすい床材を、滑りにくいものと交換する
など

※このほか、各家庭の環境に合わせた工夫をしましょう。

福祉用具に目を向けて！

今度は高齢者の身の回りに目を向けましょう。
機能・体力の衰えた高齢者が、安全かつ快適に過ごすための福祉用具にスポットを当てます。
歩行時の転倒や歩行促進ための、杖や歩行器があります。室内でも、玄関やお風呂場で使う腰かけ台など、介護・介助グッズがたくさんあるので大いに利用したいものです。
福祉用具に関しては、衣・食・住と、使う場面も種類も、扱う業者も様々で選ぶのにもひと苦労。そんなときは身近なケアマネジャーや、福祉施設、役所などに相談しましょう。貸し出されるもの、また、安価で購入できるものなどの紹介をしてくれます。どんどん活用して！

尿失禁と腰痛予防

尿失禁は老化とあきらめる？

「くしゃみと同時におしっこが～！」
「最近トイレが間に合わない！！」
いわゆる「尿モレ」の症状ですが、高齢者に限らず、すでに中年からその悩みを抱えている人が多いといわれています。
尿失禁を気にして外出を控える、水分をなるべく摂らないという対処で乗り切る人もいますが、生活の質は下がります。また、根本的な解消にはなりませんね。
尿失禁は、身体的・心理的・社会的影響が深刻に現れます。ここでは、女性の多くが経験するといわれる「腹圧性尿失禁」について取り上げ、その改善策を考えてみましょう。

●「腹圧性尿失禁」とは？

何らかの要因で骨盤や膀胱が圧迫されて起こる症状です。
筋力の低下や女性ホルモンの分泌低下なども影響するといわれています。直接の原因には、妊娠や出産、加齢、肥満、便秘などが挙げられますが特定できません。
しかし、これらを改善するにはまず「生活習慣」や「排泄習慣」の見直しを行なう必要があります。
※ P. 56 ～P.57〈尿失禁がある人の生活改善９カ条〉を参考に、生活改善から始めてみましょう。

●運動で「尿モレ」におサラバできる！?

そして生活改善を進めながら、もうひとつ取り組んでいただきたいのが「運動習慣」です。尿失禁に大いに関連する「骨盤底筋」を運動強化することで、不快な「尿モレ」と決別できるならどうでしょう？　さあ、案ずるより実行あるのみです！

おなか＆骨盤周りを鍛える

尿失禁に効果的な運動

尿失禁の予防・改善に成果を上げる運動と効果的な部位は、おなかや骨盤周りです。全体の筋力アップを目指しましょう。P.37、P. 41 に掲載した足上げに加え、肛門・尿道を締めたり緩めたりする訓練が効果的です。

P.37
ひざに羽が
はえてフワッ！

P.41
地面踏みしめ
マーチ

一石二鳥！　腰痛解消にも！？

骨盤周りを鍛えることは、姿勢矯正の要といえます。おなかを含めたこれらの部分は「腰痛」に対しても共通した鍛えの箇所なので、あわせて運動しましょう。
運動のポイントは、腹筋と背筋をバランスよく鍛えることです。鍛えることでおなかが引き締まり、内臓が持ち上がり、腰への負担が減ります。正しい姿勢を意識するだけでも効果があります。

坪井施設長のココがポイント！

胸を張って、おなかをキュッと締め、おへそを上げるイメージ。

次のページからは、尿失禁、腰痛の予防・改善に効果のある運動を紹介します。

あっち向いてストップ!

横腹を伸ばします

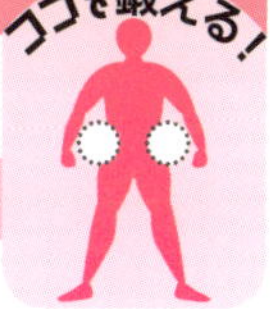
ココを鍛える!

せーの…

坪井施設長のココがポイント!

自分の手を目で追うと、おなかからひねることができますよ。

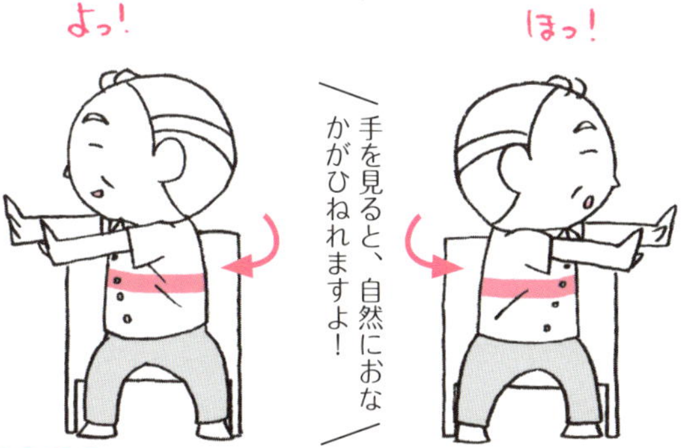
よっ!
ほっ!

手を見ると、自然におなかがひねれますよ!

この運動は…

- 両手をまっすぐ前に伸ばします。
- おなかをひねって「みぎ向け〜みぎ!」
- 元に戻って……次は「ひだり向け〜ひだり!」
- 2往復します。

おじぎでタッチ

背中から腰にかけて伸ばします →

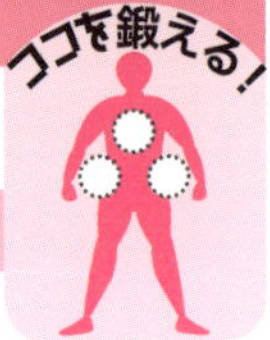

坪井施設長のココがポイント!

足を閉じて、片手ずつ横に地面タッチすると、わき腹も伸ばせますよ。

イスから落ちたりしないように、無理せず行ないましょう。

この運動は…

- 両足を大きく開きます。
- 両手を地面の方に伸ばして、上体を前に曲げましょう。

ひざ曲げ腹筋

おなかと脚を鍛えます →

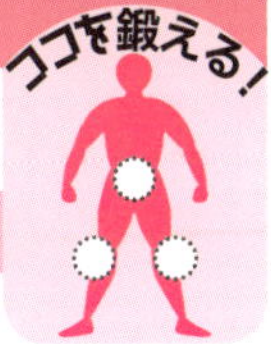
ココを鍛える!

いざ!
ホッ
ふらつくときは、イスを持つ!

坪井施設長のココがポイント!

腰にすき間を作るようにして、イスの背にもたれましょう。イスは、しっかりした安定したものを使いましょう。

この運動は…

- イスにもたれて、おなかに両手を当てます。
- 両ひざを上げて、体に近づけましょう。
- 5秒×2～3セット、やりましょう。

2

エルの字腹筋

おなかと脚を鍛えます

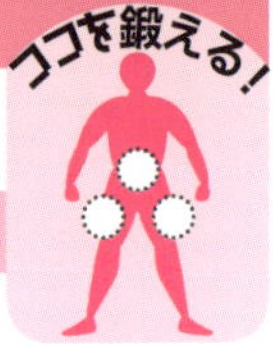

イスからずり落ちないように注意してください。

坪井施設長のココがポイント!

腰にすき間を作るようにして、イスの背にもたれましょう。イスは安定したものを使いましょう。

ひざ曲げよりキツイ〜!

この運動は…

- おなかに両手を当てます。
- 両脚をピンとそろえて、ゆっくり持ち上げましょう。
- 5秒×2〜3セット、やりましょう。

お尻ウォーク

腰の筋肉を鍛えます

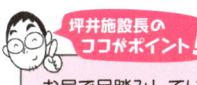

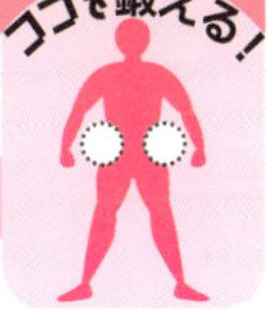
ココを鍛える！

坪井施設長のココがポイント！

お尻で足踏みしているイメージです。

骨盤が
動くね！

この運動は…

- お尻の右側をじわーっと浮かせます。
- お尻の左側をじわーっと浮かせます。
- 4～8回、繰り返しましょう。

2

お尻すぼめ

お尻のあたりを鍛えます →

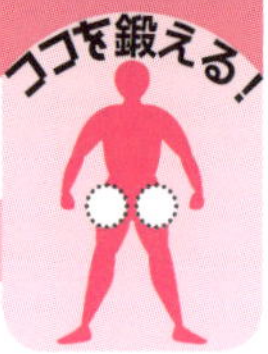
ココを鍛える!

失禁
なくなれ!

密かな努力
やってますぅ～!

坪井施設長のココがポイント!

「ギュッ」と短くすぼめても、「ギューッ」と長くすぼめてもOKです。

この運動は…

- 力を抜いて楽に座ります。
- お尻をギューッとすぼめます。
- 5秒×5セット、やりましょう。

ここはとおせんぼ

骨盤まわりを鍛えます

ココを鍛える!

つま先を外に向けてね!

骨盤を
起こすよ!

坪井施設長のココがポイント!

両足が閉じないよう、両手でひざのあたりを押さえると、やりやすいですよ。

この運動は…

- 両足のつま先をまっすぐ外に向けます。
- へそを前に突き出して、少し腰を反らしましょう。
- 5秒×2～3セット、やりましょう。

2 尿失禁予防のための生活指導

尿失禁がある人の生活改善９カ条

1 水分を十分に摂《と》る

食事以外に１日１～1.5リットル以上を目安とした摂取を心がけます。

2 便秘に注意する

水分補給、食物繊維の摂取、適度に動くなど、便秘に注意します。

3 背筋を伸ばして歩く

腹筋を引き締めて歩くと、腸の動きも活発になります。
（排便中枢が働いて排便すると、直後に、排尿中枢が働いて排尿が行なわれます）

4 筋力を鍛える

足腰を十分に鍛えれば、尿失禁予防に効果的！

5 排便習慣をつける

朝食後は必ずトイレへ。といった決まった時間の排便習慣。また、便意

P.47で紹介した尿失禁の予防や改善、便秘の予防を、生活面から見直して提案したものです。運動と合わせて取り入れましょう。

を感じたらすぐトイレへ！

6 尿失禁の時間帯を記録する

失禁の多い時間帯がわかっていれば、事前に準備が可能です。

7 排尿に関する環境を整える

着脱しやすい服を着る。部屋からトイレまで、行きやすい家具配置をするなど。

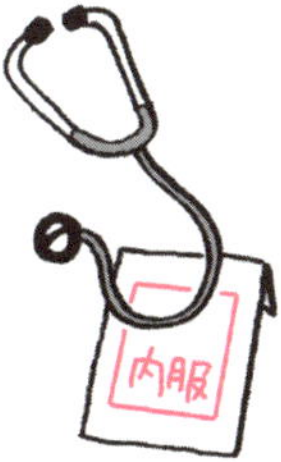

8 薬は処方・適性を見直す

薬の副作用も大きな原因。妨げになる薬について定期的に見直し、医師と相談します。

9 原因疾患を治療する

糖尿病や膀胱炎、下部尿道疾患など、原因の疾患があれば治療しましょう。

GenkiTaisou

ツボイ流 元気マンガ

③ ・・・ by Takashi Tuboi

愛か？
誠か？

うう…
どうしたの？
足が震えてる
ちがうの…
ブル ブル
喜びで
震えてるのヨ
坪井さん！
そんなに…！
ジ〜ン
FFA
うれしい!!
ホンマは
痛い…
無理はあきまへん！

3

上半身の体操

★つかむ・押す・引く
★肩こり緩和
（生活機能維持全般）

サビない！ ためにも…

つかむ・押す・引く

腕の腕前？

腕は日常生活動作（ADL）において、とても重要な役割を果たしています。脚の機能低下を補うのも腕の大きな役割です。
腕には、肩から指先までたくさんの細い筋肉や関節があります。それらを連動させながら、曲げ伸ばし、回転、ひねりなどの複雑な動きを可能にしています。
働き者の腕、どんな所で活躍しているのでしょう。

◎階段の手すりをつかむ
◎杖を握る、歩行器を押す
◎衣服を着脱する、ボタンを留める
◎お茶わんやおはしを持つ
◎床から起き上がって、立ち上がる
◎引き戸を開ける、ドアノブをひねる
◎お風呂で体を洗う、体をふく
◎棚にある物を下ろす
◎排泄後にお尻をふく　　など

かな腕（わん）疾病

腕の自由を脅かす、代表的な疾病とは何があるでしょう。

◎脳卒中の後遺症などによるマヒ
◎関節の硬化
◎筋肉の拘縮
◎リウマチによる指の変形
◎骨折　　など

多岐にわたる疾病の後遺症の改善には、原因、症状、程度、時期などによって専門のリハビリや運動療法が必要です。

腕前を上げる効果的な運動

ここでは、疾病の症状が落ち着いている方への運動を紹介しています。まずは、腕全体を連動させる効果的な体操 立ち腕立て伏せ です。

立ち腕立て伏せ

立った状態で壁を相手に行なう腕立て伏せです。
胸からひじまでの筋肉を鍛えることができます。

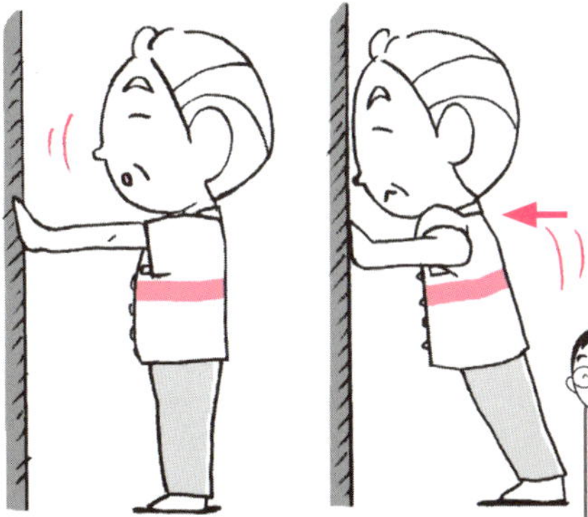

坪井施設長の
ココがポイント!

体はまっすぐに。腕以外は動かさない。

この運動は…

- 壁の前に立ち、肩幅に足を開きます。
- 壁に手をつき、ひじを曲げ伸ばします。
- 10回を2セット。

では、次のページからは、腕の細部を鍛えたり、上半身が連動する運動を紹介しましょう。

3

にぎにぎパー

握る力を鍛えます

坪井施設長のココがポイント!

しっかり握って、しっかり開きましょう。

この運動は…

- 両手をまっすぐ前に出します
- 「グー」「パー」を繰り返します。
- 50回を目標にがんばってみましょう。

お願いし手

腕と胸が鍛えられます

ココを鍛える！

ブツブツブツ……
お経？

坪井施設長のココがポイント！

わきを開いて、ひじからひじを一直線にしましょう。

ひじは、肩一直線に！
×

この運動は…

- 手のひらを合わせて、押し合います。
- 5 秒× 2 セットしましょう。

3

フックで「おーえす！」

腕と肩が鍛えられます →

ココを鍛える！

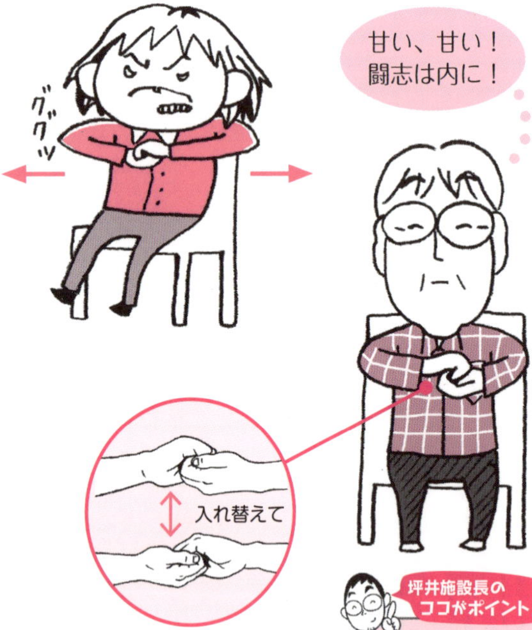
グググッ
甘い、甘い！
闘志は内に！
入れ替えて

坪井施設長のココがポイント！

呼吸を止めないで、引っ張り合いましょう。

この運動は…

- 指同士を引っ掛けて、引っ張り合います。
- 手を上下入れ替えて、引っ張り合います。
- 5秒×1セットずつしましょう。

怒りをこらえて

腕を鍛えます

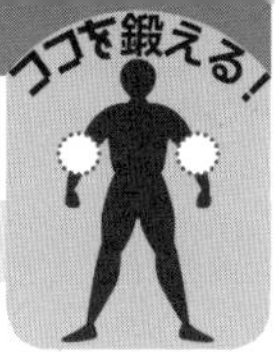
ココを鍛える!

手首を上に向けよう
いち!、に!、さん!
FFA

腕が持ち上がらないように、もう片方の手で押さえてね!

坪井施設長のココがポイント!

息を吐きながら、押し合ってみましょう。

この運動は…

- 片方に握りこぶしを作ります。
- もう片方の手で、手首を押さえます。
- 押し合いをします。
- 左右で5秒×1セットずつしましょう。

3 糸まきまき〜

腕を引き締めます →

ココを鍛える!

これは効く!!

坪井施設長のココがポイント!

まずは、胸の前で、次は顔の前で。位置が高くなるほど難しくなります。

この運動は…

- 腕を、初めは大きくゆっくり、グルグル回します。
- だんだん小さく、速く回します。
- 反対回しでも、やりましょう。

さっぱり体操

肩を伸ばします →

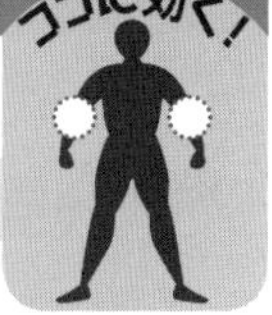
ココに効く！

坪井施設長のココがポイント！

手の上におぼんを載せたイメージです。

わきを締めて！
何がなんや、さっぱりわからんみたいな～…

さっぱり
ひじを軸に開く。

この運動は…

- わきを締めます。
- 両方の手のひらを上に向けます。
- わきを締めたまま、手を左右に開きます。

でっかく体操

腕全体を伸ばします

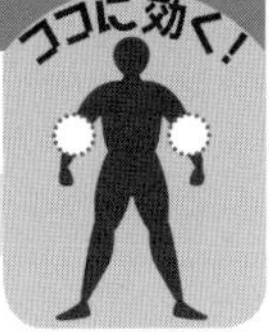
ココに効く！

坪井施設長のココがポイント！

手を広げたときに、人やものに当たらないように注意しましょう。

でっかく…

どうだ!?
クイッ
クイッ
これがまた、痛気持ちイイ！

この運動は…

- 両手の平を天井に向けて、左右にまっすぐ広げて伸ばします。
- 指先が下に向くように反らしましょう。

腕ノビール

二の腕を伸ばします →

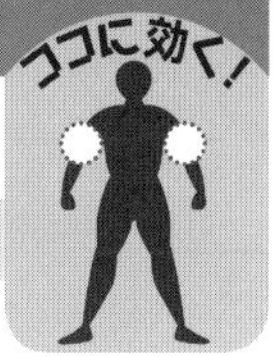
ココに効く!

体に近づけます。

ノビノビ～♪

坪井施設長の ココがポイント!

伸ばすほうの腕は、
力を抜こう！

この運動は…

- 伸ばしたい腕のひじを、もう一方の手で持ちます。
- 腕を自分の体のほうへ押しましょう。

肩こり緩和

肩コリは、もうコリゴリ？

肩こりはリラックスするだけで解消するものから、頭痛や吐き気を伴う重症のものまであります。中には他の病気との関連から生じるものもあるので注意が必要です。
ここでは、生活習慣の乱れや運動不足、筋肉の疲労によるものを取り上げて考えてみましょう。
同じ姿勢で、同じ筋肉だけを使っていることがわかります。
次の項目から、思い当たる原因がないかをチェックしましょう。

【肩こりの原因チェック項目】

◎無理な姿勢や同じ姿勢での一定、長時間作業
◎不良姿勢（足を組む、背筋を伸ばさず猫背傾向、重い荷物をいつも肩から下げている、すぐほお杖をつく）
◎枕が合わない（柔らかすぎ、高い・低い）
◎運動不足を自覚

このほか、ストレス、眼精疲労（眼鏡が合わないなども）、更年期障害、冷え性、歯の噛み合わせ不良、その他の疾病などの場合もあるので根本治療が必要。

肩こりに効果的な運動

運動で肩こりを緩和するには、やはりコリの部分をほぐして、血液やリンパの流れをよくすることです。
運動不足で固まっている背中から首までの筋肉に一番簡単で効果的なのが、**肩すくめ**です。

肩すくめ

坪井施設長のココがポイント！

緊張させている時間を、たっぷり取りましょう。

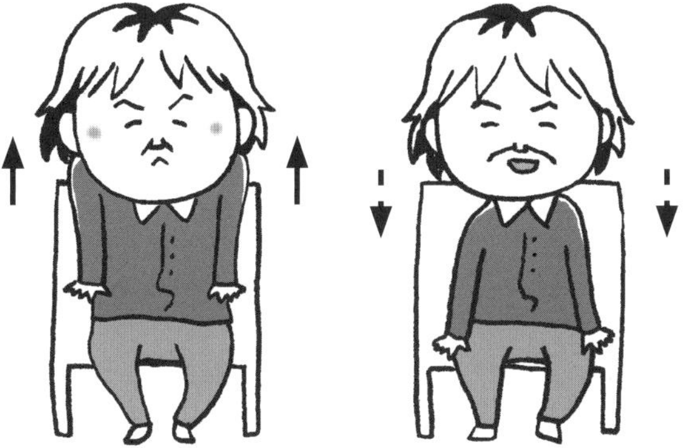

この運動は…

- ●息を吸いながら両肩を上げます。
- ●筋肉をギューッと緊張させてから、
- ●息を吐きながらストンと降ろします。

では、次のページからは、腕、背中・胸、肩、首の筋肉を動かす運動を紹介しましょう。

うでコプター

肩と腕を伸ばします →

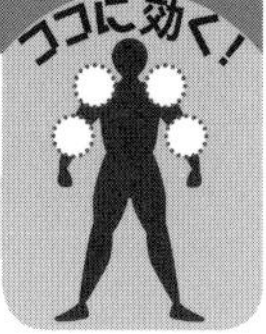
ココに効く!

できる範囲で
ひねってね

坪井施設長の
ココがポイント!

慣れてきたら、左右
対称にひねってみて
ください。

この運動は…

- 腕を肩の位置で水平に広げ、手首を一方向にグルグル回しましょう。
- 反対回しでもやりましょう。

肩扇風機

肩まわりを伸ばします →

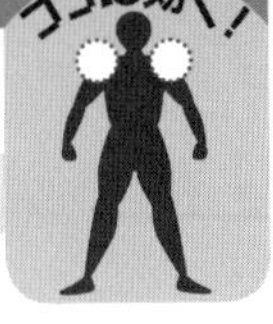
ココに効く!

パソコンのしすぎで肩コリです
ガンバ!
FFA

坪井施設長のココがポイント!

肩を真ん中にして、扇風機を回すイメージでやりましょう。

この運動は…

- 肩の上に手を乗せます。
- ひじをグルグルと回します。
- 反対回しもやりましょう。

3 エアー窓ふき

肩を鍛えます

ココを鍛える！

ゴゴゴゴ
顔の上でやってみると、もっと効く〜！

坪井施設長のココがポイント！

ゆっくりと描く、大きな円を描く、小さな円を描くなど、いろいろやってみましょう。

この運動は…

- 両手を前に出します。
- 腕を伸ばしたまま、円を描くように回します。
- 反対回しでもやりましょう。

ガッツポーズ体操

肩の筋肉が付きます →

ココに効く!

ガッッ

坪井施設長のココがポイント!

「ガッツ」と言って腕を上げ、「ポーズ」と言って下げる運動の流れを繰り返し、楽しみながらやりましょう。

ポーズ!
「元気!
モリモリ!」
「やる気!
マンマン!」

この運動は…

- ●ガッツポーズをします。
- ●両腕をまっすぐ上げて、下ろします。

3 胸開きガッツ体操

肩、胸、背中が鍛えられます →

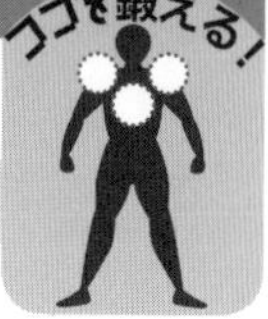
ココを鍛える!

後ろに引く
ギュ〜!

坪井施設長のココがポイント!

背中と胸が、交互に伸びているのが感じられますか?

この運動は…

- ●ガッツポーズをします。
- ●胸の前でひじとひじをくっつけます。
- ●ひじを後方へ引いて、背中を寄せましょう。

どんぶら桃抱え体操

背中を伸ばします →

ココに効く!

腕を突き出すときに
息を吐いてね！
背中が左右に引っ張られる～

坪井施設長のココがポイント!

腕を突き出したまま、左右に身体をひねると、背中の横も伸びますよ。

この運動は…

- 胸の前で両手をつなぎます。
- 大きな桃を抱えるイメージで、へそを見ながら、両腕でマルを描くような形にします。
- 体を残して、腕を前に突き出しましょう。

3 頭押しくらまんじゅう

首と肩を鍛えます

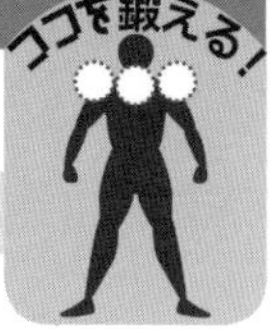
ココを鍛える!

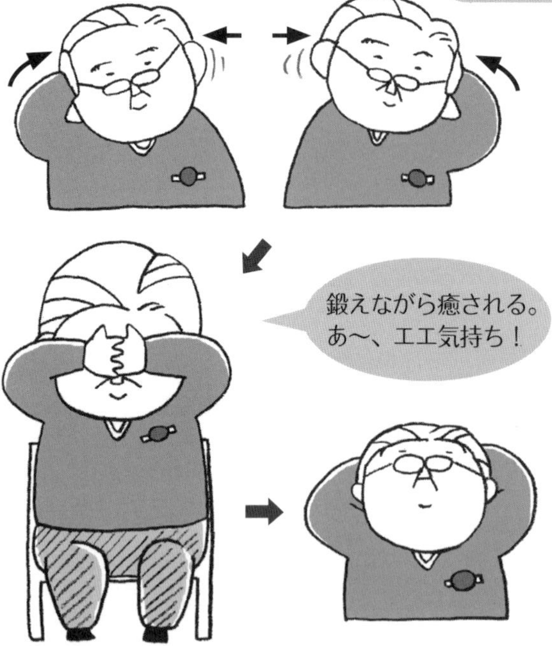
鍛えながら癒される。
あ〜、エエ気持ち!

この運動は…

- 頭をいろいろなところから押す体操です。まずは、左右の手で順番に押し合いましょう。
- 両手を組み、おでこと押し合います。
- 最後は、頭の後ろで押し合いましょう。

首もっとストレッチ

首まわりを伸ばします

ココに効く!

エエわ〜
FFA

首を両腕で押し、頭を下げます。

坪井施設長のココがポイント!

首の力を抜き、手の重みを利用して、伸ばしましょう。

この運動は…

- 手を使って、左右に首筋を伸ばします。
- 次に、両手を組み、頭を後ろから押しましょう。

生活習慣を考える

生活習慣が引き起こす体の変調

悪い習慣が積み重なると、体のバランスが崩れます。ちょっとした日常の傾向を見直してみましょう。

●癖と軽く片づけていませんか？

歳をとるにつれ、癖を改める意思が薄れます。体の変調や異変は、長年しみ付いた癖のツケ！　でも、遅すぎることはありませんので改善を！

●姿勢は大丈夫ですか？

悪い姿勢でいると、どこかに負荷が集中し、その部分や周囲に悪影響を及ぼします。例えば、体の重心が偏ると、骨格をつなぐ靭帯《じんたい》が傷つき、骨の変形や椎間板《ついかんばん》ヘルニアの誘因となります。姿勢ぐらいと侮らないように！

生活習慣と疾病

不規則で乱れた生活は、生活習慣病を引き起こします。食生活、運動、喫煙、飲酒、ストレスなどが深くかかわる生活習慣に心当たりはありませんか？　運動と並行して、身体の内側から健康への取り組みを行ないましょう！

【生活習慣が原因で発症するおもな疾病】

◎糖尿病　◎高血圧症　◎高脂血症。
◎肥満症　◎がん　◎脳卒中
◎動脈硬化　など

4

道具を使った体操

チューブ体操

アキない！ ためにも…

チューブ体操

チューブ体操とは？

チューブ体操は手軽な上に、予想以上の効果が上がるため、私の勤務するデイサービスでも行なっています。その延長で、家庭用に購入されている利用者もたくさんおられます。

そのメリットを紹介しましょう。

●手軽　チューブは２mほどのゴム製で、軽くて持ち運びが簡単。運動の際には、手を広げた程度のスペースがあれば十分で、狭いスペースでも行なえます。

●万能選手　１本のチューブで身体全体が鍛えられます。機能は、スポーツジム設置のマシンのほとんどを代用できるほど。また、チューブを持つ部分で長さを変えたり、重ねたりすることで、強度も負荷も自由に調整できます。

●安全　ダンベルやバーベルと違い、事故の危険性がほとんどありません。また、伸びるという特性が、体への負担を最小限に抑えます。例えば、引き始めが弱く、伸ばすほどにだんだん張度が上がるため、急激な負荷がかかりません。

デイサービスに最適

上記の利点からも、デイサービスやリハビリの現場で多く使われている理由がわかります。

軽くて、安全で、負荷も自由自在、場所も取らない。そして何より、チューブの素材感にユーモラスな雰囲気があります。伸ばす感覚や戻る感覚がおもしろく、扱うといろいろ試したくなります。ノッテくれば、「ビヨーン！」などの言葉も飛び出てくる魅力のアイテムではないでしょうか。

見た目は同じでも…

Aさん（男性）とBさん（女性）がチューブ体操をしています。
同じ動きをしていても、体への負荷が全く違います。
チューブの強度を調整できるので、男女関係なく、同じ動作で満足できます。これが、チューブ体操の優れた点です。
見た目は同じでも、一人ひとりに合わせた体操が可能になります。

調整の仕方

強度の調整方法は、大きく分けて2つ。

●持つ長さ 長く持てば使う力は弱く、伸ばしやすい。短く持てば強く、伸ばすのに強い力を使います。体操ごとに、持つ長さを変えてみるとよいでしょう。

●重ねる 二つ折りにすれば強度は倍に、四つ折りにすればさらにその倍に。大きな筋肉を使う場面では、重ねぐあいで効果を変えることができます。

もちろん、体格や体調、力の弱い人に合わせて強弱が調整できるので、どんな人にも合わせて使用可能です。

では、たくさんあるチューブ体操の中から、今回は座ってできる運動を中心に紹介しましょう。

4

チューブくぐり

全身を鍛えます

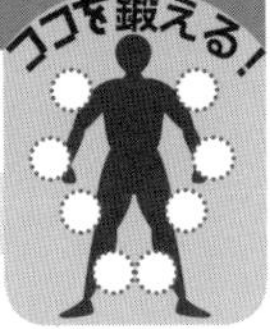

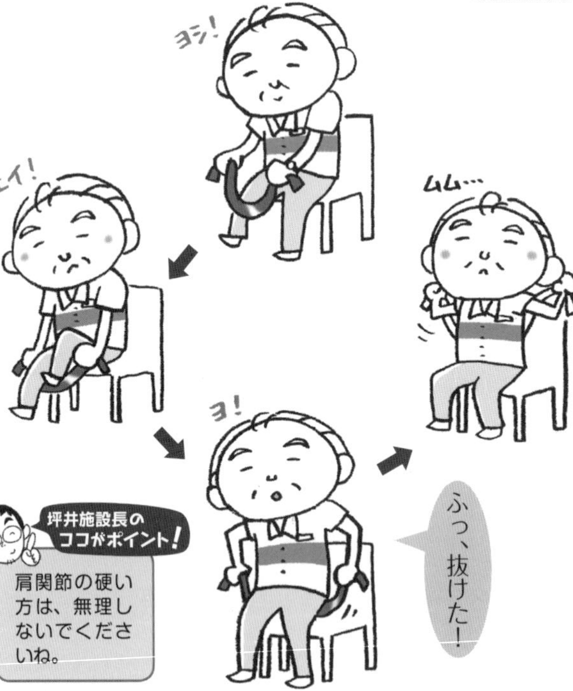

坪井施設長の ココがポイント!

肩関節の硬い方は、無理しないでくださいね。

この運動は…

●チューブを長めに持って、足、お尻、背中の順番にくぐっていきましょう。

チューブかかと上げ

ふくらはぎの筋肉を付けます →

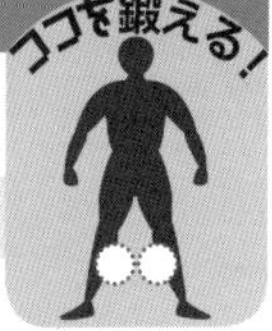

坪井施設長の ココがポイント!

「いち、に、さん、し、ご！」と声を出して数えながらやるとGood ！

この運動は…

- チューブを短く持って、片ひざに掛け、体重を乗せます。
- かかとを上げます。
- 左右５秒×２セットずつしましょう。

4 チューブひざ上げ

太ももとおなかを鍛えます →

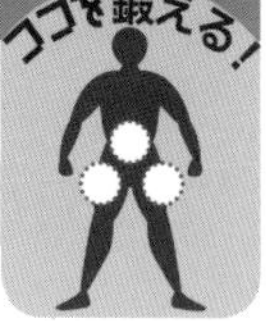
ココを鍛える！

今夜は絶対
ビールや！
ガンバレ私！

坪井施設長のココがポイント！

長時間すると、腰に負担がかかるため、気をつけましょう。

この運動は…

- チューブを短く持って、片ひざに掛け、体重を乗せます。
- ひざを上げます。
- 左右３～５秒×２セットずつしましょう。

チューブおじぎ

おなかを引き締めます →

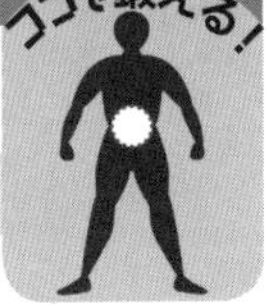
ココを鍛える!

今夜は
泡盛ロック

坪井施設長の
ココがポイント!

手は曲げないで、突っ張ったまま、やりましょう。

息を吐きながら~

この運動は…

- チューブを短く持って、両ひざに掛け、体重を乗せます。
- 「ふー」と息を吐きながら、おじぎをするように腰を曲げます。
- ゆっくりと元の姿勢に戻ります。
- 5回、繰り返しましょう。

4 ひざひざビヨ～ン

太ももと股関節を鍛えます →

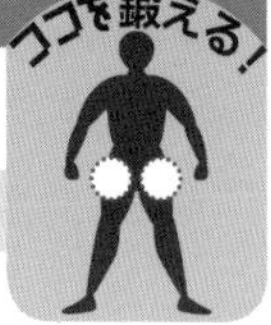
ココを鍛える!

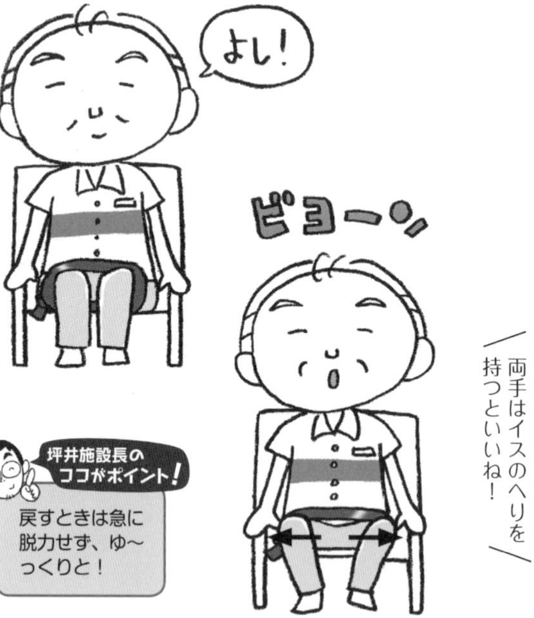
よし!
ビヨ～ン
両手はイスのへりを持つといいね!

坪井施設長のココがポイント!

戻すときは急に脱力せず、ゆ～っくりと!

この運動は…

- 閉じた両ひざを、チューブで巻いて縛ります。
- ひざ同士をゆっくりと開いて、ゆっくりと戻します。
- 4～5回を2セットしましょう。

チューブで行進

脚やおなかまわりを鍛えます →

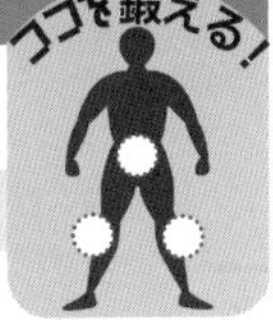
ココを鍛える!

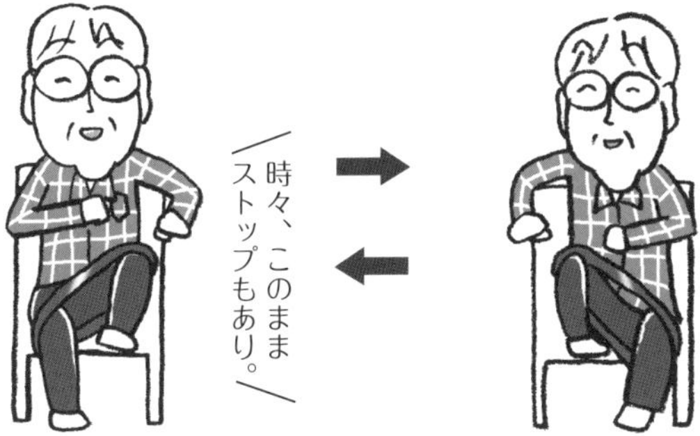
時々、このままストップもあり。

ヨイショ!

坪井施設長のココがポイント!

調子がつかめてきたら、ひねりを加えて、ひじとひざをくっつけましょう（左ひじと右ひざ、右ひじと左ひざ）。

この運動は…

- 閉じた両ひざを、チューブで巻いて縛ります。
- ひざを高らかに、足踏みをします。
- 時々足を上げたまま動きを止めましょう。

4 蹴り上げてビヨ～ン

太ももの筋肉を付けます →

坪井施設長のココがポイント!

P.88 の『ひざひざビヨ～ン』や P.89 の『チューブで行進』をやった後に、チューブを足首までずらすと楽ですよ。

この運動は…

- ●チューブを両足首に掛けます。
- ●片足は動かさず、もう一方をゆっくりと蹴り上げます。
- ●左右で 5 回× 2 セットずつしましょう。

両手でビヨ〜ン

腕と肩の筋肉を付けます →

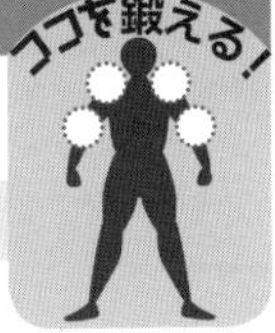
ココを鍛える!

せ〜の!
EFA
ビヨ〜ン

坪井施設長のココがポイント!

伸ばした後は、チューブをゆっくり戻しましょう。

この運動は…

- チューブを手首に巻き付けて、肩幅くらいに持ちます。
- 胸を張って、左右いっぱいに伸ばしてみましょう。
- 5〜10回×2セットしましょう。

4 頭上でビヨーン

腕と肩の筋肉を付けます

ココを鍛える!

Yの字になれ！
ビョ～ン!!
オーッ!

坪井施設長のココがポイント!

短いテンポで繰り返しましょう。

この運動は…

- 頭の上でチューブを短めに持ちます。
- ワイ(Y) の字に開いて閉じてを繰り返します。
- 5～10回×2セットしましょう。

片手ずつビヨーン

腕と肩の筋肉を付けます →

ココを鍛える!

坪井施設長のココがポイント!

掛け声は、「(エイエイ)オーッ!」でなく、「(イチニー)サン!」などで上げてもいいですよ。

オーッ!
オーッ!
ワン、ツー、スリー!

この運動は…

- チューブを手に巻き付け、短めに持って、ひざの上に置きます。
- 「(エイエイ) オーッ!」のタイミングで、ひざ側は動かさず、片方をゆっくりとまっすぐ上げます。
- 左右5回×2セットずつしましょう。

4 チューブで鳥人間

肩を鍛えます

ココを鍛える!

坪井施設長のココがポイント!

ひじが曲がらないようにしましょう。

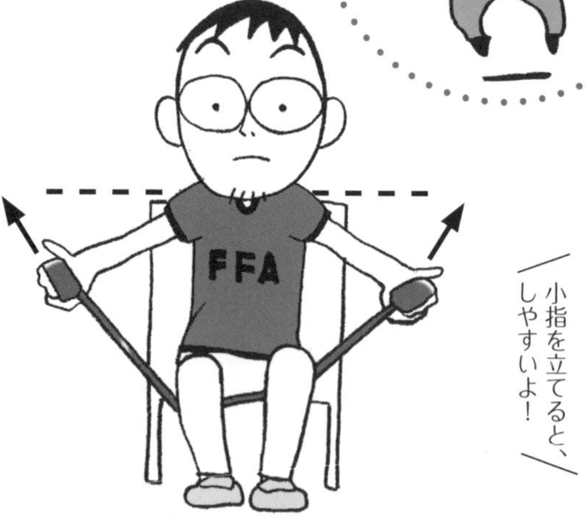
FFA
小指を立てると、しやすいよ!

この運動は…

- チューブをひざの下に通して、手に巻き付けます。
- 両手の小指を上にして、肩の高さまでゆっくりと上げます。
- 5回×2セットしましょう。

チューブでばんざい！

肩を鍛えます

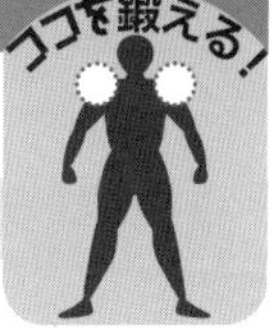

坪井施設長のココがポイント！

チューブの勢いで戻らないように、ゆっくりためながら戻しましょう。

この運動は…

- チューブをひざの下に通して、手に巻き付けます。
- ガッツポーズから、バンザイし、ゆっくり戻します。
- 5回×2セットしましょう。

チューブで力こぶ

腕を鍛えます →

ココを鍛える!

せーの…

ヌオオ…

坪井施設長のココがポイント!

腕を持ち上げるときは、わきを締め、胸を張りましょう。

この運動は…

- チューブをひざの下に通して、手に巻き付けます（短め）。
- 「ふっ」と息を短く吐きながら、腕を曲げて力こぶを作り、ゆっくりと元に戻します。
- 5回× 2セットしましょう。

両腕パンチ体操

胸を鍛えます

坪井施設長のココがポイント！

腕を戻すときは、息を吸いながら、ゆっくりと！

常にわきを締めようね！

この運動は…

- チューブを背中に回して、手に巻き付けます。
- 「ふっ」と息を短く吐きながら、パンチをするように両腕を前に出します。
- 2回×2～3セットしましょう。

4 伸び伸び、パーン！

気分転換、リフレッシュに

坪井施設長のココがポイント！

「そろそろ離すよ」「いやいや、もう少し」など、みんなで離すタイミングを合わせても楽しいカモ……!?

この運動は…

- ●最後はみんなのチューブをまとめて握って……
- ●グーッと引っ張って……
- ●パーン!!

4

道具を使った体操

棒体操

アキない！ ためにも…

棒体操

棒体操のすすめ

何も道具を使わない体操を、自《じ》重《じゅう》トレーニングといいます。自分の重さを利用した運動という意味です。機械を使うのがマシントレーニング、おもりを使えばダンベルトレーニング。チューブに続いて、高齢者にも扱いやすい道具ということで、棒を使った棒体操を紹介します。

デイサービスに最適

棒体操の特長とメリットを挙げてみましょう。

◎動きのコツがつかみやすい
◎目標物が目で見える
◎両手が連動して動く
◎インパクトがある
◎導入しやすく盛り上がる
　など

運動に必要な位置や程度、目標を伝えるのに棒体操はそれを助けます。また、いろんな使い方にも発展させられるので、デイでも人気です。

手軽にできる棒体操

棒体操は自宅でもできます。、傘、杖、ラップの芯、モップなど、家中を見渡せばどこにでもある棒状のものであればＯＫ。

マイ棒の作り方

ここでは、新聞紙で簡単に作れる棒を紹介します。
少々体に当たってもだいじょうぶなので、気兼ねなく運動ができます。
作り方は、新聞紙を丸めてテープで留めるだけ。適当な強度や重さになる目安は、１日分の朝刊紙程度です。

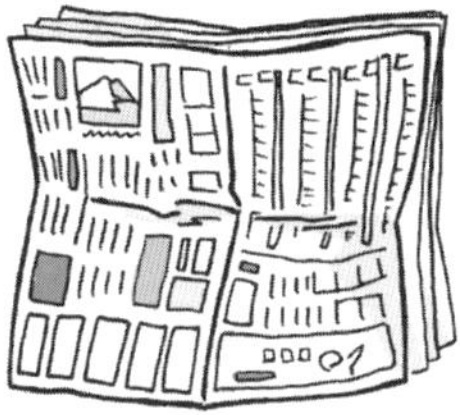

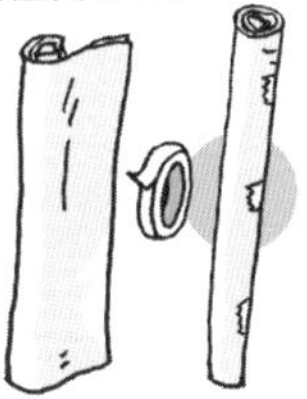

軽く巻いて、セロハンテープで留める。

人の物と区別できるよう、名前を書いたり飾りを付けます。

棒体操を考えよう！

P.102 から紹介する棒体操を基に、独自の棒体操を考えてみましょう。
タイトルを付けるとオリジナル感が出てより楽しい運動になりますよ。

次ページからは、主にイスに座って行なう棒体操を紹介。その動作を立って行なったり、寝転んで行なったり、バリエーションを変えてもＯＫ。アイディア棒体操に！

つま先チョン体操

太ももを鍛えます

ココを鍛える!

いー…
チョン

棒は動かさないで！

ち

足は、ゆっくり下ろす

坪井施設長のココがポイント!

「いー」で声を出して脚を上げて、「ち」で下ろすと、動きがゆっくりになるので、よいですよ。

この運動は…

- 背筋を正して、棒を構えます（構える高さは個々人に任せます）。
- 片足をゆっくりと上げて棒に“チョン”と当て、ゆっくり下ろします。
- 左右5回×2セットずつしましょう。

棒チョンひざ上げ体操

太ももとおなかを鍛えます →

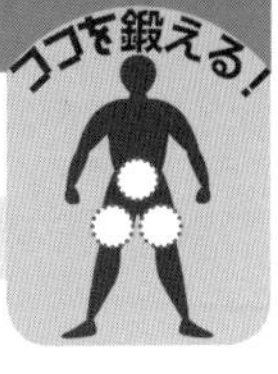
ココを鍛える！

坪井施設長のココがポイント！

イスの背にもたれずにやりましょう！

いー…
ち
これも、棒は
動かさないでね！

この運動は…

- 背筋を正して、胸の前で棒を構えます。
- ひざをゆっくりと上げて棒に“チョン”と当て、ゆっくり下ろします。
- 左右５回×２セットずつしましょう。

4 棒フラフラ体操

内ももを鍛えます

ココを鍛える!

あわわわ!!

坪井施設長のココがポイント!

棒を長く出したり、
角度を寝かせるほど、
よく効きますよ。

＼棒が落ちたら罰ゲーム!?／

わー!
バタッ
落ちた!
罰ゲーム!!
FFA
変な顔
3、2、1…
ハイ!
ワハハハ

この運動は…

- 両ひざで棒を挟みます。
- 10秒× 2～3セットしましょう。

棒でノビノビ

脇腹を伸ばします →

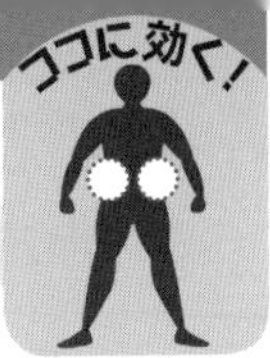
ココに効く!

坪井施設長の ココがポイント!

傾けすぎず、わき腹が気持ちよく伸びているのを感じましょう。

あ〜♥
気持ちいい!
脇腹伸びる♪

この運動は…

- まず両手で棒を持ち、体を上に伸ばします。
- 次に体を左右にゆっくり傾けます。
- 左右を2往復しましょう。

4 棒でひねりんこ

おなかまわりを引き締めます →

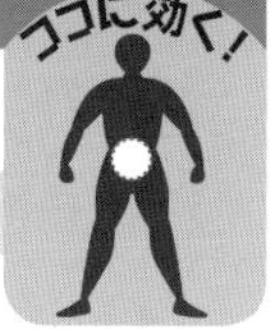
ココに効く!

こんにちは!
どうも!
しっかり見るのは
棒の先! 僕の顔じゃ
ありませんよ!

坪井施設長の ココがポイント!

棒の先を見て、顔も横を向きましょう。

この運動は…

- 背筋を正して、棒を構えます。
- おなかから体を左右にひねります。
- 左右を2往復しましょう。

舟漕ぎ体操

胸と背中を伸ばします

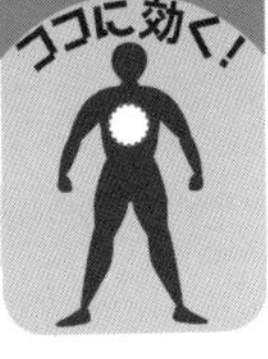
ココに効く!

胸を張って!!
エンヤートット!
エンヤートットォ!
く〜!
背中が伸びて
気持ちいい♡

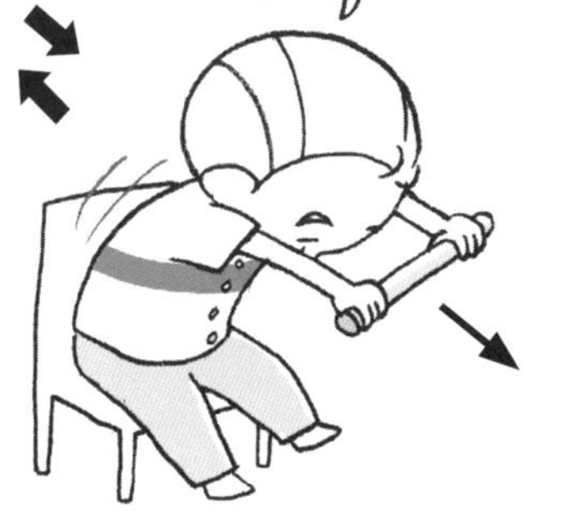

坪井施設長のココがポイント!

寄せるときは息を吸い、突き出すときは息を吐きましょう。

この運動は…

- 腕を伸ばして棒を構えます。
- まず、わきを締めたまま、棒を胸に寄せます。
- 次に、おへそを見ながら、腕を突き出すように、背中を丸めます。
- ゆっくりと、2〜3回しましょう。

4 引っ張り棒

ひじ関節を曲げて腕を上げます →

ココに効く!

ワァー、
上がる上がる〜!
FFA

坪井施設長のココがポイント!

ゆっくり持ち上げていきましょう。

この運動は…

- 両手で棒を持ちます。
- 両手で棒をまっすぐ持ったまま、顔の上まで上げて、下げてを繰り返します。
- 5〜10回×2〜3セットしましょう。

ダツボウ！ 大回転

肩から腕にかけてを伸ばします →

ココに効く！

ここからスタート！

坪井施設長のココがポイント！

ひじは伸ばしたままにするのがポイントです！

持ち手を変えないでね！

この運動は…

- 両手で棒を持ちます。
- 腕を伸ばしたまま、棒を回しましょう。
- 逆回しを含めて 2 往復しましょう。

4 棒コプター

手首を鍛えます

坪井施設長のココがポイント!

P.101で作ったマイ棒を使うといいですね！

この運動は…

- 片手で棒の真ん中を持ちます。
- 棒をブンブン左右に回しましょう。
- だんだん速くしていきます。
- 反対の手に持ち替えて、同じようにやりましょう。

ボ～ッと、肩たたき

肩や腕の筋肉をほぐします →

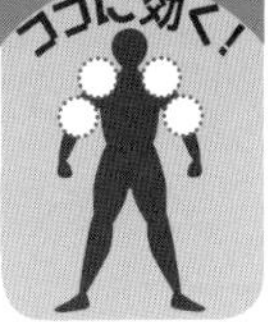
ココに効く!

これが一番
気持ちいい♪
トン
トン

ほぐしたい
部位を
トントントントン!
トン
トン
FFA

坪井施設長の ココがポイント!

トントンほぐせば、気分もリフレッシュ!

この運動は…

●棒を使って、好きなところを叩いてほぐしましょう。

「いざ覚悟」と叫ボウ

気分転換、リフレッシュに

この運動は…

- スタッフの構えた棒に向かって、棒を振り下ろします。
- 回数を決めて、力いっぱい叩いてもらいましょう!

運動コラム❹ 運動に使える道具

日用品で体操しよう！

紹介したチューブや棒以外にも、運動に使える身近な道具がたくさんあります。運動の仕組みや目的をよくわかっていればそれらの応用で、オリジナル体操が作れます。日用品などを使うことで、いっそうユニークで新鮮な感覚が楽しめマンネリ解消にも なります。
周りを見渡して Good アイテムを発見し、新しい体操作りを目指しましょう！

これも使える！

タオル 乾布摩擦体操や、頭にかぶって引っ張ると首のストレッチができます。

ペットボトル 水を入れるとダンベルの代用となり、肩の力を抜いてブンブン振れば、肩こり緩和になります。

クッション 股に挟んで５分も継続すれば、内ももが鍛えられ、転倒予防に役だちます。

箸 １分以内に豆をいくつつかめるか？　指先の訓練と、脳のよいトレーニングになります。

Genki Taisou
ツボイ流 元気マンガ
4 ・・・ by Takashi Tuboi

お疲れ！おやすみ！

お疲れさまでした～！
やった！
終わった！
坪井さん
いつもなかなか寝つけない私が…
体操をした日は、グ～ッスリ眠れるの！
わー、すご～い !!
エヘ
パチ
パチ
パチ
ちょっと待って！もう寝てるわ !!
zzzz

5

クーリングダウン

クーリングダウン

クーリングダウンの必要性

活発に行なっていた運動を突然やめると、筋肉をめぐる血の流れが滞ってしまいます。
軽めの運動に切り替えて心拍数を徐々に下げなければなりません。これがクーリングダウン（クールダウン）です。そうすることで、血の流れが筋肉から内臓などへ移動するのを助けます。

【その他の効果】

◎疲労回復の促進
◎筋肉痛の予防

運動後の確認・振り返り

運動後、参加者に体調の変化はないか、表情（顔色）やようすを見ておきましょう。必要に応じてバイタルチェック（心拍数や血圧、体温の測定）を行ないます。また、行なった運動の振り返りをし、疲労した箇所などを聞いて運動カルテなどに記入しておくのもよいでしょう。
無理は禁物ですが、「疲れたけど、さわやか！」という手ごたえや達成感を共有して、次につなげましょう。

水分補給について

運動前後の水分補給

運動や入浴前後、睡眠前後、食事中には水分を摂《と》りましょう。当然ですが、汗や尿として体から水分が奪われるので「脱水」を防ぐためです。ただし、がぶ飲みは胃に負担をかけるため、こまめな補給を心がけましょう。
目安として例えば、コップ１杯（200ml 程度）の水を、三度の食事、入浴前後、睡眠前後、午前 10 時と午後 3 時のおやつ時に飲めば、1 日 1,800ml の水分が補給できます。

水分補給の注意点

水分といっても、水、コーヒー、ジュース…など、多種多様にあります。ビタミンやミネラルといった栄養分を含む清涼飲料水も出回っていますが、それに頼るのは問題です！
清涼飲料水には栄養分はもちろん、糖分が多く含まれているので、何本も飲むと体調不良を招きます。成分もよく見ましょう。

【こんなときは要注意！】

水分は、不足しても摂《と》りすぎてもよくありません。
むくむ、だるい、熱が高い、脈が速い、頭痛がする…こんな症状のときは注意が必要です。

症状		対策
◎汗の量が少ない	➡	温かい飲み物を飲んでみる。
◎尿の量が少ない	➡	既往症のない人に限り、カフェイン系の飲み物で利尿を促すことも。
◎エアコンの効きすぎ	➡	エアコンを切るか、戸外に出る。

クーリングダウン体操

●軽めの運動をしましょう！

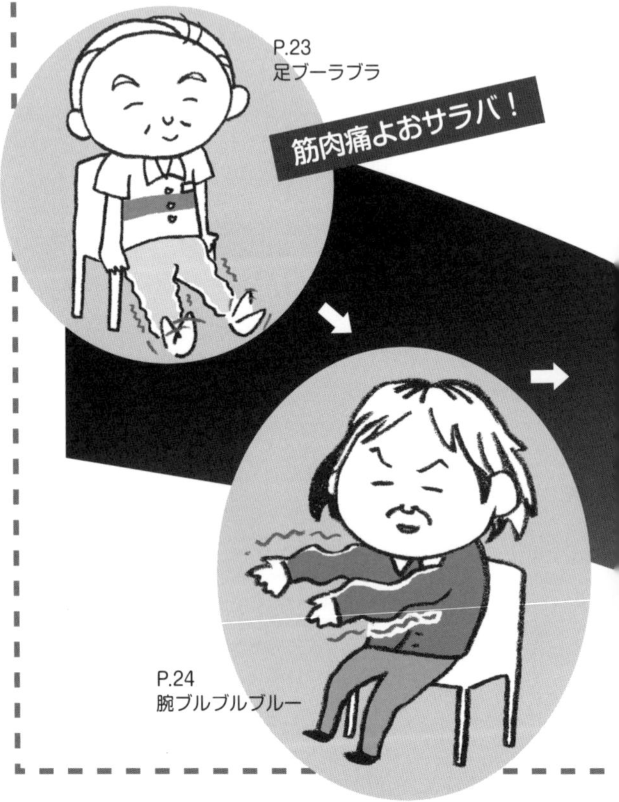
P.23
足ブーラブラ
筋肉痛よおサラバ！
P.24
腕ブルブルブルー

P.22～26の
ウォーミングアップ
参照

P.26
上に伸ばそう体操
P.25
下に伸ばそう体操
疲労回復促して、明日も元気！
P.22
ゆっくりじわっと
カメの首
心拍数ダウン

頭もからだもクーリングダウン

おなかを使った深呼吸 →

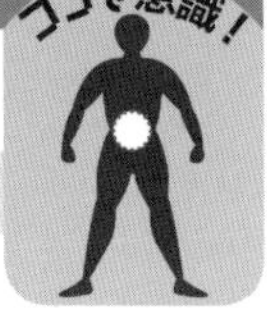
ココを意識！

鼻から吸ってー…
口から細く吐くー…
FFA

この運動は…

- 立ったままでもイスに座ったままでもOK。
- おなかに両手を当てて、鼻から空気を大きく吸い込みます。
- おなかが大きく膨らんだら、口を細くしてゆっくりと息を吐きます。

プラス・アルファ

脳トレ体操

「ボケ」ない！　ためにも…

脳トレ体操

「ボケ」ては、「Oh！ 脳～！」

世間は脳トレブーム全盛！　だれもが「ボケ」ないために、あの手この手で脳をフル活動させようとしています。
認知症は、脳血管障害によるものからアルツハイマー病といった原因不明のものまで、まだまだ解明されてはいません。ここでは予防・改善の余地のある老人性のものに焦点を当てました。
身体は運動をしないと衰えます。脳も同じです。しかし、頭をこじ開けて運動させるわけにはいきません。そこで脳と深～い関係？　にある「手・指」に協力してもらうことにしましょう。

手・指で脳を逆司令!?

手を動かすと、脳は刺激を受けます。その範囲はきわめて広く、足の４倍とも。手や指の運動・感覚中枢の占める脳の領域が、それだけ広いということです。
刺激を受けた脳は血流が増え、酸素や栄養が行き渡ります。そして脳は元気になって活発に動くのです。
どんどん手・指を動かして脳を元気にしましょう！

次のページから、指を細かく動かす脳トレ体操を紹介します。
●まずは右手も左手も同じ動きで始めてください。
●慣れて自信がついたら、左右非対称の動きにもチャレンジ！
段階的に難しくしたり、歌に合わせたりすることで、根気よく続けることができますよ。

ちょっと遅れてイチ・ニ・サン

指のリハビリ、脳トレになります→

ココを鍛える!

イライラも
脳に刺激
を与えます
FFA
イライラ
イライラ
ブツブツ

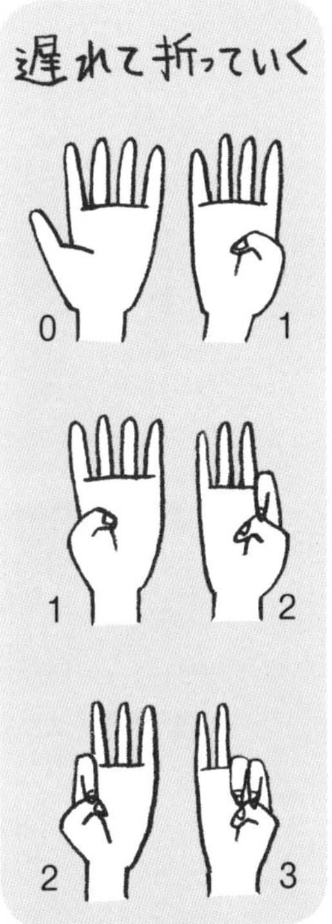
遅れて折っていく
0
1
1
2
2
3

この運動は…

●指をしっかり曲げましょう。

ひとりジャンケン・ポン

指のリハビリ、脳トレになります→

ココを鍛える!

ジャンケン… ポン!

坪井施設長の
ココがポイント!

「ジャンケン・ポン」
で勝負をしましょう。

この運動は…

- 両手でジャンケンをします。
- いつも右手が勝つようにします。
- 次は、いつも左手が勝つようにします。

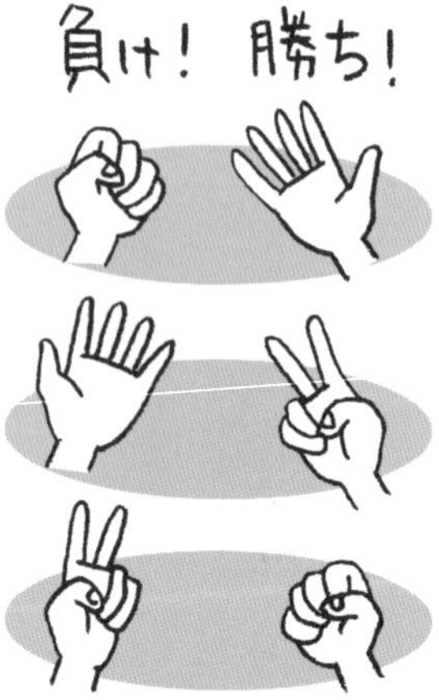
負け! 勝ち!

OKファミリー

指のリハビリ、脳トレになります→

坪井施設長の
ココがポイント!

すべての指を使って、「OK」が作れますか?

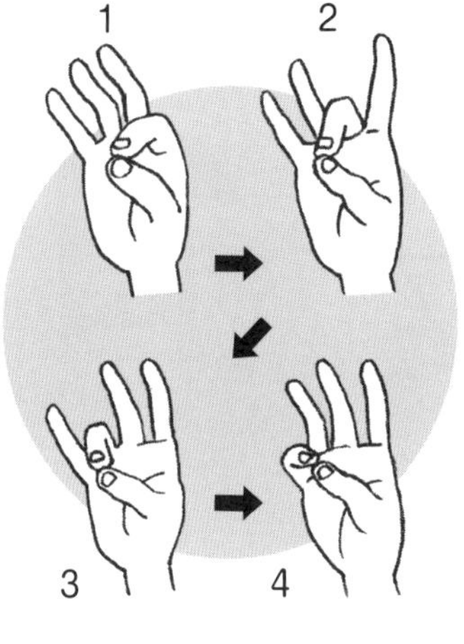

この運動は…

●親指とひとさし指の「OK」からスタートして、親指と中指の「OK」、その次は親指と薬指の……という順番でOKを作っていきましょう。

私はマエストロ

指のリハビリ、脳トレになります→

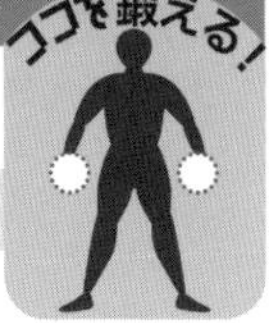
ココを鍛える!

私はマエストロ♪
（名指揮者）
すごい…
右手は3拍子
左手は2拍子
ワァ〜!
FFA
1
2
3
2
1

坪井施設長のココがポイント!

慣れてきたら、四角形で「4拍子」を描いてみるといいですよ。できますか？

この運動は…

- 片方の手のひとさし指を上下させて、指揮者の「2拍子」のポーズを作ります。
- もう片方の指は三角形で「3拍子」を描くようにしましょう。
- 左右を入れ替えてやってみましょう。

おわりに

本書を手に取ってくださって、ありがとうございます。前回の『介護レクネタ帳』に続き、現場の雰囲気と実践を本の中に再現するという難しさにとまどいながらでしたが、まわりの協力のおかげで執筆を終えることができました。今はただ、たくさんの仲間の手元に届くことを願っています。

私は日々の業務で、常に心がけていることがあります。それは、危険予測の姿勢です。現場のスタッフにも共通認識で進めています。「もし○○だったら…」と想定して、準備や態勢を怠らないことを頭と心に命じています。トラブルの想定は、慌ててさらに悪い結果を招く事態を回避してくれます。こういう知恵を学んだのは、大切な命の傍らに就いた仕事のおかげと感謝しています。

高齢者の運動には万全の注意と配慮が必要です。事故を未然に防ぐためにも、絶えず先を見越しながら今の状況もしっかり見守ります。今と、ちょっと未来（1～2時間先）を見つめながら、自分なりに順序だてて考えたり行動できる習慣が身に付いたのも大きな収穫です。

利用者さんの毎日が少しでも明るく、安全・快適であることを願って、ちょっと先を見つめている私に、「どこ見てんのん？ ボーッとして！」と容赦ないツッコミが入っても、「元気に突っ込んでくれてありがとう！」と思う私です。

『レク』で楽しんで、笑ってほしい！ 今度は『体操』をして、元気いっぱい健康でいてほしい！ そう念じながら、今と、ちょっと未来を忙しく行き来するツボイです。

著者　坪井高志

監修者・著者　プロフィール

監修：堀　清記

兵庫医科大学名誉教授・元姫路獨協大学教授。京都大学医学部卒・医学博士。日本体力医学会評議員

監修：堀　和子

社会医療法人医真会介護老人保健施設「あおぞら」施設長・元兵庫医科大学教授。京都大学医学部卒・医学博士。日本体力医学会評議員

著・イラスト：坪井　高志

ふくふく庵デイサービスセンター施設長。
フィットネスクラブなどのトレーナーを経て、現在、大阪市東成区の高齢者通所介護施設「ふくふく庵ガーデン」管理者として勤務

スタッフ
編集協力　本文デザイン・レイアウト／太田吉子　装丁・イラストコーディネート／曽我部尚之
テキスト補助／前田万亀子・堤谷孝人。企画編集／安藤憲志　校正／堀田浩之

安心介護ハンドブック⑨

げんき体操ネタ帳

2011年10月　初版発行　　2021年7月　第11版発行

監修　堀　清記・堀　和子

著・イラスト　坪井　高志

発行人　岡本　功
発行所　ひかりのくに株式会社

〒543-0001　大阪市天王寺区上本町3-2-14
郵便振替 00920-2-118855　TEL06-6768-1155
〒175-0082　東京都板橋区高島平6-1-1
郵便振替 00150-0-30666　TEL03-3979-3112
URL　https://www.hikarinokuni.co.jp
印刷所　図書印刷株式会社

ISBN 978-4-564-43119-7　C3036　NDC369.17　128P　15×11cm　Printed in Japan